THÈSE

POUR

LA LICENCE

TOULOUSE

Imprimerie **Bayret**, **Pradel** et C⁰, place de la Trinité, 12.

FACULTÉ DE DROIT DE TOULOUSE.

THÈSE

POUR

LA LICENCE

SOUTENUE

EN EXÉCUTION DE L'ARTICLE 4, TITRE 2, DE LA LOI DU 22 VENTÔSE AN XII,

Par M. COMPAYRÉ (Ernest),

Né à ALBY (Tarn).

TOULOUSE

IMPRIMERIE BAYRET, PRADEL ET Cᵉ,

PLACE DE LA TRINITÉ, 12.

1860

A MON PÈRE

—

A MES PARENTS

—

A MES AMIS

JUS ROMANUM.

Quod metus causa gestum erit.

(DIG. 4, 2.)

De his quæ vi metus-ve causa gestum erit.

CODE 2, 19.

Jus civile distinguebat vim a metu; Romani postea edixerunt solum in metum, nec sine jure, etenim quæ adjuvante vi facta fuerunt metu advenisse videntur. Ulpianus inde dixit : Hæc spectat clausa

metum et vim. Si quis igitur aliquod fecerit causâ metu aut vì pul-
sus, coram prætore veniat. Nihil enim tam libertati contrarium est,
quæ imprimis consensûs vìm facit, quam vis atque metus.

Agitur de crudeli vi et imprimis a lege defensâ; etenim non vis
vocari potest, quæ magistratu aut honore, aut jure aliquò, impo-
sita est.

Et metus animi agitatio, commotio, quibus, ea quæ sine metu
agere noluissemus, causâ metûs facimus. Cujaccius ait : Metus verbo
significatur, pavor, conturbatio, vel trepidatio mentis a quibus adji-
cimus et demittimus animum. Nec metum omnem accipimus, sed
eum qui firmas mentes terroris motu egentis commoveret. Talem
metum probari oportet; ait quædam constitutio, qui salutis pericu-
lum vel corporis cruciatum contineat. Si Primus furibus in viâ lacess-
situs Secundo centum aureos dederit ut ei auxilium ferat non ole
edicto restituetur nisi latrones secundus ipse summiserit : Secundus
enim a vi alienus operæ suæ mercedem accipisse videtur. Violentiæ
auctor in jus vocatur quicunque et omnes qui sesse violentiâ auxerunt,
etsi, hanc ignorantes vim egissent et bonâ fide : quum enim in ter-
rorem (quod ex metu et vi fieri solet) conjuitur, ille qui vìm possus est,
non violentiæ auctorem agnoscere potest. Hæredes et alii successores,
qui, de iis quæ capta fuerunt, aliqua obtinent, prætore vocari pos-
sunt. Nullo quidem modo hæres, pœna afficiendus est; tamen,
omne quod turpiter aut per scelus aliquod captum fuit, non hæredis
rem augere debet. Semper in rebus quæ causâ metus facta fuerunt,
arbitraria est actio; re ipsâ in his judicis, condemnatio, illum condi-
tionem patetur ut nocens non poscenti, satisfaciat legibus vulgò a

judice datis, dicenda erit sententia, causæ naturam secundum, de quà agitur : quæ conditio arbitrium vocatur.

In judicis rerum quæ causà metùs factæ sunt, nocentem magistratus jubet, res captas restituendas esse. Quod si, reus non actori satisfaciat, quadrupli condemnetur. Quadruplo simplum inest; quum de corporis damnatione agitur actore reus dare debet dominium cum fructibus ipsis quæ percipi potuissent; quum de obligatione agitur reus justitiæ jusso actorem solvere debet; illæ autem restitutiones in quadruplum agentur : ita, ut si Primus invitus centum decem dedisset Fulvio aureos, damnatus ad quadraginta fuisset Fulvius. Si causà metus aliqua contracta fuisset obligatio, poterit qui territus egerit, non actione uti quia territus fuisset, oportet autem eum spectare, dùm hujus vis ea faciat quæ imperat obligatio; tunc, qui coactus fuerit statìm exceptionem oppositurus erit metùs causà.

Exceptionem metùs causà non proposuerat Cassius, doli exceptione satisfactus, quæ omnia spectat et in quà metùs causà exceptio continetur.

Captarum rerum metùs causà restitutio ex edicto in integrum facienda est; reipsà quod per vim traditum erit retrahatur et si fortè res deteriora facta erit, reparetur dolus.

Etiam prætor præbet, per annum, indè vi interdictum personnis quæ ex fundo, vel ædio vi aut metu presenti dejectæ sunt. Justiani ante leges, qui per vim communem fundo expulsus fuerat, per interdictum possessionem recuperabat etiamsi aut vi, aut clam, aut precario adversarium non possideret.

Jus erat, ut eum qui cum armis invenit, forti sumus quidem jure armis repellere, sed hoc statim non ex tempore acto.

Regnante postea Justiniano qui dejecit dejecto possessionem reddere, restituere cogitur, licet quem dejecit, aut vi, aut clam aut precario possideret. Imò qui aliquem depossessionem per vìm dejesserit, de vi privatâ vel de publicatâ, Juliâ lege tenetur.

Ad immobilia sola interdictum unde vi primum adhibebatur; deinde Valentinii, Theodosii et Arcadii imperatorum constitutiones (C. 8, 4, 7), hanc omnem perficerunt legislationem.

PROPOSITIONES.

I. Actio quod metus causa intra certum tempus moveri debet.

II. Non intra strictum tempus exceptionem metus opponere necesse est.

III. Si quis in quadruplum egerit finitur in rem actio.

CODE NAPOLÉON.

De la Minorité et de la Tutelle.

(Livre I, titre 10 , chap. 1 et 2; section 1 à 7 inclus. — Décrété le 26 mars 1803; promulgué le 3 avril.)

CHAPITRE PREMIER.

MINORITÉ.

Jusqu'à un certain âge nous sommes hors d'état de nous diriger nous-mêmes et de gouverner nos biens. Cet âge varie suivant le développement plus ou moins précoce de l'intelligence.

Comme il était impossible de tenir compte de toutes ces diversités, on a eu recours aux présomptions. Aussi, tous les législateurs se sont efforcé d'observer l'âge et l'époque à laquelle la capacité naturelle se déclare générale-

ment, et, d'après cette base, ils ont admis, suivant aussi les mœurs et la
civilisation du pays, un terme uniforme. Ainsi, à Rome, la majorité était
fixée à vingt-cinq ans, et le laps de temps écoulé jusqu'à cet âge s'appelait
minorité et se divisait en trois époques : l'enfance, la puérilité, la puberté.
L'enfance finissait à sept ans ; la puérilité commençant à cet âge finissait à la
puberté, fixée à quatorze ans pour les garçons et à douze ans pour les filles.
Mais, comme je l'ai dit, la minorité n'avait qu'un seul terme : l'âge de
vingt-cinq ans accomplis.

Anciennement, dans la plus grande partie de la France, la jurisprudence
avait suivi l'usage romain, et vingt-cinq ans était le terme de la minorité (1);
pourtant quelques coutumes avaient fixé la majorité à vingt-et-un ans, et
même à vingt ans (2).

Ce système a prévalu dans la législation nouvelle. Les lois du 20 septembre 1792, et du 31 janvier 1793, avaient fixé la majorité civile à vingt-et-
un ans.

Aujourd'hui, et d'après l'art. 388, le mineur est l'individu de l'un ou de
l'autre sexe qui n'a point atteint l'âge de vingt-et-un ans accomplis.

Esquissant à grands traits la théorie de la minorité, je dirai que le Code
Napoléon (1124) déclare tous les mineurs incapables de contracter et les
oblige d'être, dans tous les actes de la vie, représentés par un tuteur, quand
la mort, l'absence ou l'incapacité légale du père du mineur a fait cesser
l'exercice de la puissance paternelle. Tant que dure cette puissance, le mineur lui est soumis et ses biens sont administrés par son père, conformé-
ment aux règles prescrites par le titre de la puissance paternelle (372). Si
la puissance paternelle vient à cesser, il est nommé un tuteur au mineur;
enfin, si le mineur est émancipé par son mariage ou par la déclaration de
son père ou d'un conseil de famille, il peut faire seul certains actes déter-
minés par la loi ; et pour les autres, il a besoin de l'assistance d'un curateur.

Cette incapacité est établie dans un but de protection pour des personnes
qui n'ont pas encore, aux yeux de la loi, ni l'expérience du monde, ni l'ha-

---

(1) Coutume de Normandie, art. 233.
(2) Coutume de Bretagne, art. 528.

bitude des affaires, et qui , dès-lors, ne sont pas supposés être dans l'état de se diriger elles-mêmes.

Il suit de là que les mineurs peuvent se retrancher derrière l'incapacité qui les frappe quand ils ont contracté malgré les dispositions de la loi ; tandis que ceux avec qui ils ont contracté , ne sauraient invoquer cette même incapacité (1125).

D'un autre côté, puisque le mineur n'est pas regardé comme étant en état de veiller à la direction de ses biens , la loi a établi en sa faveur divers priviléges : ainsi , la contrainte par corps ne peut pas être prononcée contre lui (2064) ; il conserve une hypothèque sur les biens de son tuteur, pour la garantie de la gestion de celui-ci (2121) ; enfin, il n'est pas soumis à la prescription (2252).

D'après tout cela, le mineur étant placé, comme on le voit , dans un état de surveillance continuelle, ne peut rien faire par lui-même ; le moindre de ses actes est soumis au contrôle du pouvoir paternel ou de son tuteur. Les diverses opérations de la vie civile nécessitent, dans son intérêt, quelquefois l'intervention du conseil de famille ou des tribunaux , et toujours celle de son tuteur. A-t-il quelques droits dans un partage ou dans une succession ? aussitôt des dispositions spéciales viennent l'entourer de leurs règles protectrices. Il ne peut faire aucune donation que par contrat de mariage et avec l'assistance de ceux dont le consentement est requis pour la validité de cet acte. Il ne peut , jusqu'à l'âge de seize ans, léguer ses biens par acte de dernière volonté. A sa seizième année, le testament qu'il fait ne peut transmettre que la moitié des biens dont la loi permet au majeur de disposer (903 , 904).

Malgré l'incapacité qui frappe les mineurs lorsque les formalités prescrites pour certaines opérations ont été remplies, ils sont considérés, relativement à ces opérations, comme majeurs (1314).

Enfin, et pour terminer les dispositions générales qui se rapportent aux mineurs, nous dirons que, quant au mariage pour les fils (148), quant à l'adoption pour les fils et les filles (348), la minorité se prolonge jusqu'à vingt-cinq ans. De plus, les père et mère, quoique mineurs de vingt-et-un ans, peuvent être tuteurs légitimes de leurs enfants (442) ; et en argumentant l'art. 2139, nous trouverons que le créancier, quoique mineur, peut requérir l'inscription des hypothèques qui, garanties, font le paiement des sommes qui lui sont dues.

CHAPITRE II.

TUTELLE.

La tutelle (*tueri*, défendre) est une sorte de mandat consacré par la loi. Le mandat ordinaire n'est pas forcé, mais cette espèce de mandat est forcé. En effet, c'est une charge publique (*tutela est munus quasi publicum*); l'ordre public y est intéressé; de plus, c'est une charge de famille, c'est-à-dire que pour qu'un étranger y soit admis, il faut qu'il n'y ait pas dans la famille des personnes capables de la tutelle; et en troisième lieu, c'est une charge gratuite, car le tuteur ne peut demander d'honoraires; enfin, elle est personnelle et toute de confiance et elle ne passe pas aux héritiers, c'est ce que dit formellement l'art. 419. Cet article, en effet, après avoir dit que la tutelle n'était pas transmissible aux héritiers, ajoute que seulement ils sont responsables de la gestion de leur auteur, et qu'ils doivent, s'ils sont majeurs, la continuer jusqu'à la nomination d'un nouveau tuteur.

Il y a quatre espèces de tutelle :

1° Celle des père et mère ;

2° Celle qui est déférée par le survivant d'un tiers ;

3° Celle des ascendants ;

4° Celle qui est déférée par le conseil de famille.

Il y a donc, par conséquent, deux tutelles légitimes et deux datives.

SECTION PREMIÈRE.

De la tutelle des père et mère.

Durant le mariage (389) le père est administrateur des biens personnels de ses enfants mineurs. Il est envers lui comptable, quant à la propriété et aux revenus, des biens dont il n'a pas la jouissance, et quant à la propriété seulement de ceux des biens dont la loi lui donne l'usufruit. La loi n'a pas voulu soumettre les père et mère pendant le mariage à toutes ces charges de la tutelle, et leur en imposer les conditions, parce que leur affection réunie sur l'enfant, lui a paru offrir assez de garantie dans l'intérêt de celui-ci.

De cette différence entre l'administration du père et la tutelle, résultent plusieurs conséquences : point de conseil de famille, point de subrogé-tuteur, à moins toutefois que le père n'ait des intérêts opposés à ceux de son fils.

Ce n'est qu'à la dissolution du mariage, arrivée par la mort civile ou naturelle de l'un des époux, que la tutelle appartient de plein droit au survivant des père et mère, lors même qu'il serait mineur (390), car les mineurs sont incapables ; mais l'art. 442-1° fait exception. Nul mieux que le survivant ne pourra se charger de cet emploi. Il y a pourtant une différence entre le père et la mère survivants. Le père devenant tuteur, sa qualité change il est vrai, mais son administration reste la même. Le père peut de plus imposer à la femme un conseil. La mère peut refuser la tutelle, et en cas de secondes noces on peut la lui enlever. La nomination d'un conseil à la mère, sans l'avis duquel elle ne peut faire aucun acte relatif à la tutelle, ne peut avoir lieu que par testament, ou par une déclaration faite devant le juge de paix assisté de son greffier, ou devant notaire. Le juge de paix compétent pour recevoir cette déclaration doit être, dit Zachariæ, celui du domicile de la femme survivante. Ce conseil spécial n'a pas le droit d'agir pour le mineur ; il n'est là que pour donner des conseils, et il peut s'opposer aux actes qui, d'après l'acte de sa nomination, doivent être revêtus de son approbation, et qui restent sans effet s'ils ont lieu au mépris de son opposition et même sans son avis. Jamais les attributions de ce conseil ne peuvent aller jusqu'à porter atteinte aux droits dérivant de la puissance paternelle, qui après le père passent à la mère, laquelle ne peut pas en être privée par la volonté de son mari. Le père ne peut pas, en effet, adjoindre, pour les actes relatifs à la tutelle, une sorte de co-tuteur qui concourrait avec elle à la gestion. C'est ce qui résulte d'un arrêt de la Cour de Bruxelles, (21 mai 1806, Vermusch). A qui appartient la nomination de ce conseil ? Au père seul. Aucune autorité, ni le conseil de famille ne peuvent le nommer ; et si la personne désignée par le père n'accepte pas les fonctions à elle dévolues, meurt ou est incapable, elle ne peut pas être remplacée. (Marchant, n° 17. Duranton, tom. III, n° 421.)

Lorsqu'à l'époque de la mort du mari la femme est enceinte, on doit prendre certaines précautions pour empêcher la suppression ou la supposi-tion de part. Le conseil de famille nomme alors un curateur au ventre. Lors-que la mère a accouché, elle devient tutrice, et le curateur est de plein droit subrogé-tuteur. Ce curateur fait des actes conservatoires dans l'intérêt des uns et des autres, et même, dans un cas d'urgence, il peut faire les actes d'administration.

On s'est demandé si on a besoin de nommer un curateur au ventre, lors-que la veuve a déjà des enfants nés et vivants? La loi ne fait aucune dis-tinction ; pourtant, plusieurs auteurs y ont vu sujet de controverse(1). Non, disent les uns, car le fondement principal de la curatelle *ad ventrem*, est la crainte d'une supposition ou de suppression de part ; or, cette crainte n'existe pas dans le cas où la veuve a déjà des enfants, car, elle n'a alors aucun intérêt sérieux à feindre une grossesse ; et à quoi bon d'ailleurs un surveillant spécial ? D'autres (2) tiennent pour l'affirmative. Dans les procès-verbaux du Code, un article spécial limitait la nomination du curateur *au cas où la veuve n'avait pas d'enfants déjà nés;* or, cette disposition limitative a été rejetée ; la règle établie est absolue. Qu'arrive-t-il lorsque les enfants existants sont mineurs ou majeurs ? Dans le premier cas, le curateur *ad ventrem* n'est pas nécessaire ; la mère étant en effet tutrice de ses enfants, a un subrogé-tu-teur qui tient lieu de curateur et qui en remplit l'office. Dans le deuxième, le curateur *ad ventrem* est indispensable ; autrement, l'enfant conçu n'au-rait personne pour veiller à ses intérêts et prévenir les fraudes, détourne-ments et dilapidations auxquels pourraient se livrer les enfants existants (3).

Le père ne peut pas refuser la tutelle de ses enfants ; mais la loi, qui a présumé l'insuffisance de la capacité de la mère, en autorisant le père à restreindre son pouvoir tutélaire, se fonde sur le même motif pour autoriser la mère à refuser la tutelle ; mais elle doit, dans ce cas, en remplir les de-voirs jusqu'à ce qu'elle ait fait nommer un tuteur. Plusieurs juriscon-sultes (4) s'attachant aux termes de l'article 394, prétendent que la mère,

(1) Et entre autres Taulier, Ducaurroy, Duranton.

(2) Magnin, de Freminville.

(3) Marcadé, t. II, art. 393. Augier, *Encyclopédie des Juges de paix*, t. V, art. Tutelle, n° 18.

(4) Taulier, Valette.

une fois acceptant la tutelle, perd la faculté de s'en démettre. Je crois que tel n'est pas l'esprit de la loi, et de permettre à la mère de se démettre toujours et en tout temps de la tutelle lorsqu'elle reconnaît sa faiblesse. Du reste, si la mère vient à se faire dessaisir de la tutelle, elle ne peut la reprendre et faire ainsi un jeu de son premier refus.

Le second mariage du père qui a des enfants mineurs d'un premier lit, ne change rien à son droit et à son devoir de tutelle, parce qu'il reste toujours le chef de la famille. Mais il n'en est pas de même de la mère tutrice qui se remarie. Elle se soumet à l'influence de son nouvel époux, qui pourrait devenir préjudiciable aux enfants du premier lit. C'est pour prévenir ces inconvénients possibles, que la loi a voulu que la mère tutrice qui se remarie convoque, avant l'acte de mariage, le conseil de famille, qui décide si la tutelle lui doit être conservée. A défaut de cette convocation, elle perd la tutelle ; son nouveau mari est solidairement responsable de toutes les suites de la tutelle qu'elle a indûment conservée.

La mère, par son convol, ne devient pas pourtant incapable de gérer la tutelle ; rien, dans la loi, n'empêche le conseil de famille de lui conférer la tutelle dative.

Si le conseil de famille lui laisse la tutelle, le mari est nommé co-tuteur de sa femme, et devient solidairement responsable de la gestion postérieure au mariage ; le second mari devient bien alors tuteur et est sujet à l'hypothèque légale, mais sa tutelle n'est qu'accessoire à celle de la femme et cesse de produire ses effets si, par une cause quelconque, la femme perd la qualité de tutrice.

Le père ou la mère de l'enfant naturel reconnu ont-ils la tutelle de leurs enfants? Cette grave question, sujette à controverse, a été résolue négativement par deux éminents jurisconsultes, Sirey et Duranton. La tutelle légitime des père et mère n'ayant lieu qu'à la dissolution du mariage, disent-ils, ne saurait être attribuée au père ou à la mère naturels, et que, dans le silence de la loi, il ne faut pas créer une nouvelle espèce de tutelle légale.

Mais on doit remarquer qu'il existe, dans le Code, plusieurs articles qui déclarent communes aux enfants naturels légitimement reconnus, les conséquences de la paternité et de la filiation. Sans entrer trop avant, je citerai l'article 158, qui, se rattachant à l'enfant naturel, prétend qu'il doit, comme l'enfant légitime, faire des actes respectueux ; l'article 383, qui donne au père de l'enfant naturel reconnu, pour corriger son fils, les mêmes priviléges que pour le fils légitime. L'article 765 attribue au père ou la mère de l'enfant naturel décédés sans postérité, la succession de ce dernier. Un autre texte de la loi, l'article 405, fournit contre la négative un argument assez direct, en n'autorisant la dation d'un tuteur par le conseil de famille, que lorsque le mineur est sans père ni mère, sans distinguer les père et mère naturels des légitimes. Dans le doute même de la loi, ce qui doit faire attribuer la tutelle légale au père ou mère naturels, c'est l'intérêt de l'enfant, dont la fortune, d'où qu'elle lui vienne, sera presque toujours administrée par son père ou sa mère, et serait trop facilement compromise sans la garantie de la tutelle.

SECTION II.

De la tutelle déférée par le père ou la mère.

Cette tutelle tient le second rang, parce que, émanée de la volonté du père ou de la mère, en qui la loi trouve la meilleure garantie de l'intérêt des enfants, elle participe, en quelque sorte, de la tutelle qu'elle lui attribue. Cette tutelle était désignée, chez les Romains, sous le nom de *tutelle testamentaire*. Cette désignation est assurément très exacte pour le cas où la tutelle est déférée par un acte de dernière volonté, c'est-à-dire dans la forme d'un testament et pour produire son effet après le décès du dernier mourant des père et mère ; mais dans le cas où elle est déférée par une déclaration faite devant le juge de paix ou devant notaire (398), il semble que le nom de tutelle testamentaire ne lui convient plus, puisque l'acte par lequel le tuteur a été nommé n'a point les formes d'un testament. Cependant, comme elle ne doit, de même que celle déférée dans la forme des testaments, produire son effet qu'après la mort du père ou de la mère qui l'a déférée, on l'a comprise sous la même dénomination.

Aucun des deux époux n'a le droit d'exclure de la tutelle légitime celui des deux qui survivra à l'autre. Le droit de nommer un tuteur testamentaire n'appartient donc qu'au dernier mourant des père et mère ; cependant, le dernier mourant n'a pas toujours le droit de nommer un tuteur à ses enfants mineurs. La femme remariée et non maintenue dans la tutelle en est privée (399). Il serait assez inconséquent de lui permettre d'attribuer à autrui un droit qu'elle ne peut pas exercer elle-même. Il en est de même 1° pour l'interdit, qui est lui-même en tutelle et dont la volonté n'est pas éclairée; 2° pour celui qui a été exclu ou destitué d'une tutelle, qui ne peut pas être membre d'un conseil de famille (445); 3o pour le mort civilement (25); 4° enfin, pour les père ou mère qui ont facilité la corruption de leurs enfants, car ils sont interdits de toute tutelle, et, en outre, privés des prérogatives de la puissance paternelle (335 C. Pénal).

Le dernier des mourants peut choisir pour tuteur un parent ou un étranger non parent, la personne, enfin, quelle qu'elle soit, qu'il juge la plus digne de sa confiance; mais cette personne n'est tenue d'accepter la tutelle testamentaire que dans le cas où elle aurait été tenue d'accepter la tutelle dative si elle lui avait été déférée par le conseil de famille. Le choix, la désignation du dernier mourant des père et mère, n'a rien, sous ce rapport, de spécialement obligatoire (401). Si la personne nommée par le dernier des mourant des père et mère n'accepte pas la tutelle, son devoir est d'en instruire immédiatement le juge de paix, afin que le conseil de famille, convoqué, apprécie son refus ou son excuse.

S'il existe un ascendant, dit M. Magnin, la personne désignée pourra lui faire notifier légalement son refus, sans convocation du conseil de famille. Cette solution ne me paraît pas admissible; car elle ferait supposer qu'il y aurait lieu, dans ce cas, à la tutelle légitime des ascendants.

SECTION III.

Tutelle des ascendants.

La tutelle légitime des ascendants, inconnue dans les pays coutumiers, où la tutelle était le plus généralement dative, nous vient des pays du droit écrit, qui l'avaient eux-mêmes empruntée à la tutelle des agnats du Droit Romain.

Le Code Napoléon, en admettant cette tutelle, a pensé que l'affection toujours si grande des ascendants pour leurs petits-fils, était une garantie suffisante pour qu'il leur confiât, *de droit*, la tutelle.

D'après l'art. 402, il n'y a pas lieu à la tutelle des ascendants :

1° Si le survivant des père et mère existe encore. Alors même qu'ils n'auraient pas d'abord accepté ou qu'ils en eussent été excusés, exclus ou destitués, le conseil de famille nomme un tuteur datif; c'est ce qui résulte de la comparaison des art. 393, 402, 405 du Code Napoléon, et de l'arrêt de la Cour de Cassation du 26 février 1807.

2° Si le dernier des mourants a choisi un tuteur testamentaire à ses enfants. Le dernier des mourants, en effet, en la sagesse duquel la loi a pleine confiance, par la nomination d'un tuteur testamentaire, manifeste l'intention d'exclure les ascendants, et cette manifestation élève contre eux une présomption. Or, la présomption n'est pas détruite par la circonstance que le tuteur testamentaire n'a pas accepté la tutelle ou qu'il en a été écarté.

Si le tuteur testamentaire a manqué de l'être parce qu'il est mort avant le père ou la mère qui l'a nommé, la tutelle des ascendants est-elle permise ?

M. Marcadé prétend que la tutelle des ascendants est admise (1). M. Duranton partage son opinion (2), et la raison qu'il donne à l'appui de cette exception, est assez subtile : « Si, dit-il, les ascendants restent exclus ensuite lorsque le tuteur testamentaire a été exclu ou destitué de la tutelle, c'est qu'alors il ne cesse pas, à proprement parler, d'être tuteur; on peut dire qu'il l'est encore : seulement, il est dépouillé de l'administration. Mais lorsqu'il est mort, il n'y a plus réellement de tuteur choisi par le dernier mourant des père et mère, et alors rien ne fait plus obstacle à la tutelle des ascendants. M. Demolombe ne partage pas du tout cette opinion.

3° Enfin, je pense qu'il n'y a pas lieu à la tutelle des ascendants si, au décès du dernier mourant des père et mère, un tuteur datif est en exercice.

La tutelle légitime n'appartient qu'aux ascendants mâles (402, 404). Les ascendantes n'y sont pas appelées; la mère seule est tutrice légale (390).

Parmi les ascendants mâles, la loi défère la tutelle en considération du degré d'abord et de la ligne ensuite. L'ascendant le plus proche, dans quelque ligne qu'il se trouve, est donc d'abord appelé; mais, à égalité de degré, la préférence appartient à l'ascendant paternel.

---

(1) Marcadé, tome ii, art. 402, n° 2.
(2) Duranton, tome iii, 441.

S'il y avait, tout à la fois, égalité de ligne et de degré, la loi distingue. Ainsi, si cette concurrence s'établit entre deux ascendants de la ligne paternelle, la communauté de nom, ce signe visible et principal de la parenté, fait passer de droit la tutelle à celui qui est l'aïeul paternel du père du mineur. Pour les ascendants maternels, ce motif de préférence n'existant pas, la loi confie au conseil de famille le soin de désigner pour tuteur celui qui lui paraît plus apte aux fonctions de la tutelle.

Une question grave est de savoir si la dévolution d'un degré à un autre est admise pour la tutelle. Ainsi, un ascendant paternel est nommé au mineur; mais il est incapable, il est exclu : La tutelle passera-t-elle à l'aïeul maternel qui se trouve le plus proche après lui, ou bien sera-ce au conseil de famille à nommer le tuteur? Grande divergence parmi les auteurs, car la loi se sert d'une locution assez ambiguë : *à défaut de l'un, ils appellent l'autre. A défaut!* Peut-on dire que ces expressions sont générales et que nonseulement elles comprennent le cas de prédécès, mais encore le cas de refus, le cas d'excuse ou d'exclusion? Peut-on dire qu'il en était ainsi dans celles des coutumes qui admettaient cette tutelle, et qu'enfin, d'après l'article 405, il n'y a lieu à la tutelle dative qu'autant que le mineur est resté sans ascendants mâles? L'affirmative a été adoptée par Duranton; mais nous ne pouvons nous ranger de son avis, car l'art. 405 me paraît assez explicite :

« Lorsqu'un enfant mineur restera sans père ni mère, ni tuteur élu par ses
» père et mère, ni ascendants mâles; comme aussi lorsque *le tuteur de l'une*
» *des qualités ci-dessus exprimées se trouvera ou dans le cas des exclusions*
» *dont il sera parlé ci-après, ou valablement excusé, il sera pourvu, par le*
» *conseil de famille, à la nomination d'un tuteur.* »

SECTION IV.

De la tutelle dative.

La tutelle dative est celle qui est déférée, non pas comme autrefois par le juge de paix, mais par les parents eux-mêmes, c'est-à-dire par le conseil de famille. Lorsque la nomination du tuteur n'a pas été faite en sa présence, elle doit lui être notifiée par un des membres de l'assemblée, dans les trois jours de la délibération, outre un jour par trois myriamètres de distance entre le lieu où réside le tuteur et celui où s'est tenu le conseil.　　　3

La convocation du conseil de famille, à l'effet de nommer un tuteur, peut, suivant le cas, être requise par différentes personnes. Quelques-unes sont tenues de cette obligation sous leur responsabilité personnelle; ainsi, en vertu des devoirs de sa charge, le juge de paix est tenu de faire d'office cette convocation. Elle peut être requise par tous les parents du mineur, ceux qui ne font pas même partie du conseil; par les créanciers du mineur ou par toute autre partie pécuniairement intéressée, comme le débiteur qui voudrait se libérer; et, enfin, quoique la loi n'en parle pas, elle peut être requise par les alliés du mineur.

Le conseil est composé, outre le juge de paix, de dix parents ou alliés, pris tant dans la commune où la tutelle est ouverte, que dans la distance de deux myriamètres, moitié du côté paternel, moitié du côté maternel, et en suivant l'ordre de proximité dans chaque ligne. Le parent sera préféré à l'allié du même degré; et parmi les parents du même degré, le plus âgé à celui qui le sera le moins (407).

Telle est la composition du conseil dans les cas ordinaires. En exigeant un nombre égal de parents de chacune des deux lignes, la loi a voulu prévoir l'influence d'une ligne sur l'autre; mais cette composition peut recevoir quatre exceptions ou modifications que je vais successivement énoncer.

1° Les frères germains du mineur et les maris des sœurs germaines sont exceptés de la limitation posée par l'art. 407. Quel que soit leur nombre, ils sont appelés au conseil qu'ils composent alors seuls, à l'exclusion de tous les autres. (Arrêt de la Cour de Cassation du 10 août 1845.) Si les frères germains ou les maris des sœurs germaines (remarquez que je dis les maris, les femmes, sauf la mère et les ascendantes étant exceptées), si les frères ou les maris des sœurs germaines, dis-je, sont inférieurs au nombre six, on appelle les autres parents pour compléter le nombre.

2° Les ascendants et ascendantes du mineur jouissent du même privilége que les frères germains et les maris des sœurs germaines. Ils sont comme eux, quel que soit leur nombre, appelés au conseil. L'art. 408 dit: les veuves d'ascendants. Cette expression est inexacte; il faut lire : des ascendantes veuves. Ainsi, lorsque le père survivant est décédé après s'être remarié, sa seconde femme, la marâtre de l'enfant, ne peut point, quoique veuve d'un ascendant, faire partie du conseil. Quant aux ascendantes du mineur, elles n'y sont appelées qu'autant qu'elles sont veuves, parce que tant que leur mari, l'ascendant du mineur, existe, c'est lui qui est appelé.

3° Il se peut qu'il n'y ait pas sur le lieu, ou dans la distance de deux myriamètres, des parents ou alliés en nombre suffisant pour composer le conseil de famille. Alors le juge de paix peut, suivant qu'il le croit le plus utile aux intérêts du mineur, appeler soit des parents domiciliés à de plus grandes distances, soit aussi, mais seulement dans la commune même, des personnes avec qui il sait que le père ou la mère du mineur avaient des relations habituelles d'amitié. C'est ce qui a été enseigné à la Cour d'Angers, dans l'affaire Delilée Préaux, le 29 mai 1821.

Il faut remarquer que l'art. 409 dit que cette disposition s'applique distributivement et séparément à l'une et à l'autre ligne, et que s'il y a insuffisance de parents dans une ligne, des membres de l'autre ligne ne doivent pas compléter le nombre ; car l'équilibre d'influence que l'art. 407 veut maintenir, serait alors aboli. Si dans la ligne paternelle, comme dans la ligne maternelle, le nombre voulu n'était pas atteint, en cas d'insuffisance des parents, on prendrait des amis paternels ou maternels, suivant de quel côté viendrait l'insuffisance.

Dans le projet de la loi, le mot *voisin* se trouvait à côté des parents et des amis ; mais les relations du voisinage, comme le fait très bien remarquer Locré (1), ayant de nos jours beaucoup perdu de leur ancienne intimité, ce mot, à bon titre, a été effacé.

4° Quoique dans la commune ou la circonscription légale il se trouve un nombre suffisant de parents ou d'alliés, le juge de paix peut en appeler d'autres, à quelque distance qu'ils se trouvent ; mais il est à remarquer que ceux-ci doivent être plus proches en degrés, ou au moins du même degré que les parents présents (410.)

Nous connaissons maintenant la composition du conseil de famille. Avant de savoir par qui et comment il doit être convoqué, occupons-nous de savoir en quel lieu doit être formé ce conseil.

(1) Locré, t. VII, p. 107 et 132.

La tutelle s'ouvre, évidemment, où le mineur est domicilié lorsque arrive l'évènement qui l'a fait naître, c'est-à-dire la dissolution du mariage de ses père et mère (390); c'est donc au domicile du père qu'elle s'ouvre toujours; car, pendant le mariage, c'est au domicile même du père que l'enfant est domicilié (108.)

Le domicile primitif est donc celui qu'avait le père à la dissolution du mariage. Mais ce domicile a-t-il une assiette fixe, définitive; doit-il, au contraire, pendant le cours de la tutelle, être déplacé, soit par la mort, la destitution ou l'exclusion du tuteur, ce qui donne ouverture à une autre tutelle, soit par le déplacement du domicile du tuteur?

Lorsque le tuteur originaire, enseignent deux jurisconsultes éminents (1), est remplacé par un autre tuteur, le domicile de la tutelle reste le même, lors même que le nouveau tuteur aurait un domicile différent de celui du tuteur qu'il remplace. Le père survivant est, je suppose, domicilié à Toulouse, il vient à mourir; le tuteur que l'on choisira au mineur est à Strasbourg; le siége de la tutelle reste à Toulouse; c'est là que le conseil de famille devra être assemblé toutes les fois que la convocation sera nécessaire.

M. Marcadé (2) fait, au contraire, cette distinction :

Le tuteur est-il datif? le domicile de la tutelle est invariable : Comment, en effet, le tuteur, qui n'est en quelque sorte que le délégué, le commis du conseil qui l'a nommé, pourrait-il s'en rendre indépendant en déplaçant son propre domicile? Le mandataire ne peut pas briser le pouvoir de son mandant.

Le tuteur est-il légitime ou testamentaire ? le domicile de la tutelle change toutes les fois que le tuteur change le sien. Dans ce cas, en effet, le tuteur existe avant le conseil de famille et indépendamment de lui ; c'est de la loi même, ou de la déclaration du dernier mourant des père et mère, qu'il tient son titre ; au lieu d'être, comme le tuteur datif, attaché au conseil, c'est le conseil qui est attaché à sa personne; c'est donc à son propre domicile, quel qu'il soit, que le conseil doit être convoqué.

---

(1) Valette sur Proudhon, t, II, p. 313; Demolombe, t. VII. p. 147, 242.
(2) Marcadé, t. II, art. 406.

Cette dernière opinion n'est guère admissible, et nous nous rangeons de l'avis qu'aucun tuteur ne peut, en changeant son domicile propre, changer le domicile primitif de la tutelle. Cette opinion paraît, d'ailleurs, être aujourd'hui presque unaniment confirmée par la jurisprudence ; car, outre les auteurs recommandables qui se sont rangés de cet avis, tels que Taulier, Valette, Delvincourt, deux arrêts de la Cour de Cassation sont venus confirmer l'opinion de ces jurisconsultes émérites (Cass., 11 mai 1842, Mouthon ; Dev., 1846, t. i, 6625. Cass., 17 décembre 1849, Gas.; Dev., 1850, t. i, 298.

Par qui doit être convoqué le conseil de famille ? Par le juge de paix, comme je l'ai déjà dit, même d'office, lorsque le magistrat juge la convocation nécessaire. Etant président du conseil et devant spécialement veiller aux intérêts du mineur, c'est à lui qu'appartient cette initiative (414). Mais, outre le juge de paix, certaines personnes ont le droit de requérir cette convocation, comme je l'ai déjà dit au commencement de la tutelle dative ; à ces personnes j'ajouterai pourtant le subrogé-tuteur et le tuteur lui-même.

L'art. 406, qui traite cette matière, ne parle pas du subrogé-tuteur ; c'est qu'il ne s'occupe que de la nomination du tuteur et par conséquent d'une hypothèse dans laquelle le subrogé-tuteur n'existe pas encore.

Nul texte non plus ne parle que le tuteur ait le droit de convoquer le conseil ; mais puisque le tuteur doit très souvent en référer au conseil de famille, il me semble qu'il doit avoir droit de requérir cette convocation ; c'est ce qui résulte des articles 454, 461, et surtout de l'art. 468.

La convocation est faite par une citation notifiée par huissier à chacune des personnes faisant partie du conseil. Le juge de paix doit régler le délai de la comparution, et il doit toujours y avoir, entre le jour de la citation notifiée et le jour de la réunion, un intervalle de trois jours au moins, intervalle augmenté, pour les personnes non résidantes dans la localité, d'un jour par trois myriamètres (414). Pour éviter les frais de citation au mineur, la loi du 27 mai 1838, art. 17, permet au juge de paix de faire cette convocation par lettre ou bien verbalement. Mais ce mode n'étant pas officiel, ne permet pas alors d'édicter l'art 413 ainsi conçu : Tout parent, ou allié, ou ami qui, sans excuse valable, ne comparaîtra pas, sera puni d'une amende qui ne pourra excéder 50 fr. et qui sera prononcée sans appel par le juge de paix. Si l'excuse présentée par le membre non-comparaissant est, aux yeux du juge de paix, suffisante, il peut, ou attendre le membre absent, ou le remplacer. L'intérêt du mineur doit être le mobile du juge de paix.

Les parents, amis, alliés, quel que soit le lieu où ils demeurent, seront tenus de se rendre en personne, ou de se faire représenter par un mandataire spécial ; et il est à remarquer, ajoute l'art. 412, que ce mandataire ne peut représenter qu'une seule personne.

L'assemblée se tient ordinairement chez le juge de paix, à moins que celui-ci ait désigné un autre local (415) ; et pour que le conseil puisse délibérer, il faut que les trois-quarts au moins des membres convoqués soient présents ; le juge de paix est mis en dehors de cet art. 415, car c'est lui qui convoque. Si, comme d'ordinaire, le conseil est composé de six membres, plus le juge de paix, il faut pour délibérer cinq membres, sans y compter le juge de paix ; car cet article demande les *trois-quarts au moins*.

Le juge de paix est président de ce conseil, et si un empêchement le privait de s'y rendre, il devrait se faire remplacer par son suppléant ; car la présence du juge de paix étant un élément essentiel du conseil de famille, il ne pourrait être remplacé par un des membres de ce conseil.

Le juge de paix doit-il prendre une part active aux délibérations de cette assemblée ? Lors du projet sur ce titre, un article portait que le juge de paix devait seulement se borner à la direction et à la rédaction des délibérations de ce conseil (1) ; mais cet article fut supprimé, et l'article 415, qui le nomme président du conseil, lui donne voix *délibérative* et *prépondérante en cas de partage*.

Ces mots : *en cas de partage,* ont donné lieu à de sérieuses difficultés. Quand y aura-t-il partage ? Pourra-t-il se former plus de deux opinions, et, en ce cas, les opinants en nombre inférieur seront-ils forcés de se réunir à une des deux opinions les plus nombreuses ? En d'autres termes, la majorité absolue, c'est-à-dire la moitié plus un des opinants, sera-t-elle nécessaire pour la validité des délibérations du conseil, ou suffira-t-il de la majorité relative, c'est-à-dire celle qui réunit le plus de suffrages, quoique inférieure à la moitié des opinants.

(1) Locré, *Législ. civ.,* t. VII, p. 133.

M. Duranton (1) pense que la majorité absolue est nécessaire, et que s'il se forme plusieurs opinions, les moins nombreux sont obligés de se réunir à l'une des deux opinions qui a obtenu le plus de suffrages, comme dans le cas de l'art. 117 du Code de Procédure ainsi conçu : « S'il se forme plus de deux opinions, les juges plus faibles en nombre seront tenus de se réunir à l'une des deux opinions qui auront été émises par le plus grand nombre. »

D'autres auteurs (2) penchent pour la majorité relative, et cette dernière opinion me paraît préférable. Dans le silence de la loi, il ne me paraît pas possible de créer une obligation pour certains membres du conseil et les contraindre à abandonner leur opinion pour se ranger à l'une de celles que d'autres membres ont embrassé. L'art. 117 du Code de Procédure est assez explicite, mais il ne s'applique qu'aux juges et ne doit pas être étendu à un autre cas.

Le même mineur peut-il avoir plusieurs tuteurs? Contrairement au Droit Romain (3) et à notre ancienne jurisprudence (4), le Code Napoléon n'admet en principe qu'un seul tuteur. Si les domaines du mineur sont considérables, si ses biens sont de nature différente et surtout s'ils sont séparés et situés en divers lieux, le conseil de famille permet au tuteur de s'adjoindre des administrateurs salariés et gérant sous sa responsabilité (454). Toutefois, et par exception à la règle, le même mineur a deux tuteurs :

1° Lorsque sa mère, tutrice légale, s'étant remariée, a été maintenue dans la tutelle : on se rappelle qu'en effet le conseil de famille, en conservant la tutelle à la mère, est obligé de lui donner son mari pour pro-tuteur (396);

2° Lorsque, étant domicilié en France, le mineur possède des biens dans les colonies et réciproquement. Alors le conseil de famille nomme un pro-tuteur auquel il confie les biens situés dans les colonies. Dans le projet, le mot colonie ne paraissait pas et était remplacé par outre-mer. Ce mot a été de nouveau révisé et changé par celui qui figure dans l'art. 417. Ainsi, il ne suffit donc pas, pour donner un pro-tuteur à un mineur, qu'il ait des biens en Corse, je suppose, il faut que ces biens soient situés dans les colonies.

(1) Duranton, t. III, n° 466.
(2) Toullier, t. II, n° 1124 ; Dalloz, t. XII, n° 16.
(3) L. 21, § 2, ff de *Excusatione tutorum.*
(4) Merlin, *Répert.,* t. XIV, section 4, § 2, an VIII.

Le tuteur et le pro-tuteur sont indépendants et non responsables l'un envers l'autre, de leur gestion respective.

Le tuteur est tenu d'agir et d'administrer à partir du jour de sa nomination, si elle a eu lieu en sa présence, c'est-à-dire, s'il faisait partie du conseil qui l'a nommé. Dans le cas contraire, sa responsabilté ne commence qu'à partir du jour où sa nomination lui a été notifiée par le membre de l'assemblée qui, à cet effet, a été désigné par elle. (Art. 882, Code de Procédure civile.)

Le conseil de famille dont je viens de faire connaître l'organisation et une des attributions les plus importantes, le droit de nommer le tuteur, a aussi le privilége de nommer toujours le subrogé-tuteur (420); de prononcer l'exclusion ou la destitution du tuteur ou du subrogé-tuteur. Il forme enfin, pendant toute la minorité, une sorte de tribunal privé et domestique auquel doivent être soumises les affaires les plus importantes qui concernent la personne ou les biens du mineur. Les membres qui composent ce conseil ne sont pas responsables de leurs décisions.

Le tuteur, quel qu'il soit, doit ce titre à la confiance qu'il inspire. C'est donc une charge personnelle qui ne passe pas à ses héritiers. Cependant, les affaires du mineur, que la loi protége si spécialement, ne doivent pas être laissées à l'abandon à la mort du tuteur. Les héritiers qui sont responsables de la gestion de leur auteur, sont tenus, en outre, de la continuer, s'ils sont majeurs, jusqu'à la nomination d'un nouveau tuteur (419). Il faut pourtant remarquer que n'étant pas tuteurs, ils ne sont, pour leur gestion, soumis à aucune des conséquences de la tutelle, et qu'on ne peut prendre pour cela hypothèque légale sur leurs biens. Ce sont de simples mandataires légaux, à la vérité, mais qui ne sont tenus que des conséquences ordinaires du mandat.

Les enfants naturels étant étrangers à la famille de leur père et de leur mère, il est donc impossible de leur donner un conseil de famille composé de parents. L'art. 409 leur est, je crois, applicable, et leur conseil se composera des amis de leur père ou de leur mère.

Suivant les statuts du 30 mars 1806, les tuteurs des princes et princesses de la famille impériale sont nommés par l'Empereur.

SECTION V.

Subrogé-tuteur.

Dans les pays de droit écrit, lorsque les intérêts du mineur se trouvaient en opposition avec ceux du tuteur, on nommait un tuteur *ad hoc*, dont les fonctions finissaient avec la cause qui l'avait rendu nécessaire.

Dans les pays de droit coutumier, au contraire, pendant toute la gestion de la tutelle, on plaçait à côté du tuteur un surveillant, un contradicteur légitime : c'était, nous dit la coutume de Paris (1), un subrogé-tuteur.

Trouvant cette précaution assez utile, le Code Napoléon s'en est emparé et il a exigé que dans toute tutelle, sans exception, soit tutelle dative, testamentaire, légitime, il y ait un subrogé-tuteur (420).

Ce subrogé-tuteur, nous dit l'art. 420, est nommé par le conseil de famille et jamais par la loi. On doit, sans retard, procéder à sa nomination. Ses fonctions consistent à surveiller l'administration du tuteur, et pour faciliter cette surveillance, le conseil de famille peut l'autoriser à se faire remettre par le tuteur les états annuels de sa gestion (470). Si le tuteur gère mal, c'est au subrogé-tuteur à provoquer sa destitution (446); comme aussi il doit le faire remplacer (424), s'il vient à mourir ou s'il disparaît sans qu'on sache de ses nouvelles. Le subrogé-tuteur doit, de plus, représenter le mineur et agir pour lui toutes les fois que ses intérêts sont en opposition avec ceux du tuteur, c'est-à-dire lorsque le mineur et le tuteur se trouvent, l'un envers l'autre, dans la position de plaideurs ou de contractants. Ainsi, s'il s'agit d'un partage de succession qui leur est échue en commun, le mineur est représenté par le subrogé-tuteur qui, relativement à ces actes, tient lieu d'un tuteur *ad hoc*. Hors ce cas, le subrogé-tuteur n'a point qualité pour faire des actes de tutelle; il ne lui est point permis de s'ingérer, de s'immiscer dans l'administration; c'est le tuteur qui seul a le droit d'agir. Et cette défense de s'immiscer dans les affaires du mineur est tellement formelle, qu'à la mort du tuteur il ne le remplace pas; il doit seulement, comme je l'ai dit, sous peine des dommages et intérêts qui pourraient en résulter pour le mineur, provoquer, s'il y a lieu, la nomination d'un nouveau tuteur.

(1) Coutume de Paris, art. 240.

J'ai dit qu'il n'y avait pas de subrogé-tuteur légitime, c'est-à-dire qui fût nommé par la loi. Lorsque la tutelle est dative, le subrogé-tuteur ne peut être nommé qu'après l'élection du tuteur, et cette nomination du subrogé-tuteur doit avoir lieu immédiatement après celle du tuteur, pour éviter les frais d'une seconde convocation du conseil. Si la tutelle est légitime ou testamentaire, avant d'entrer en fonctions le tuteur doit faire nommer le subrogé-tuteur; s'il venait à s'ingérer dans les affaires du mineur avant d'avoir rempli cette formalité, le conseil de famille, convoqué, soit sur la réquisition des parents, des créanciers ou autres parties intéressées, soit d'office par le juge de paix, pourra, s'il y a eu dol de la part du tuteur, lui retirer la tutelle; et si par son dol il a causé quelque dommage, le condamner à indemniser le mineur (421, 423).

Par la nature de ses fonctions, le subrogé-tuteur doit être complètement indépendant du tuteur qu'il doit surveiller; de là il résulte :

Que le tuteur ne peut point, en sa qualité de membre du conseil de famille, participer à la nomination du subrogé-tuteur. Celui-ci n'aurait plus, en effet, toute sa liberté d'action s'il était lié envers le tuteur par cette marque de confiance. Le tuteur ne peut non plus ni provoquer sa destitution, ni voter dans les conseils de famille convoqués à cet effet. Le subrogé-tuteur ne peut être pris dans celle des deux lignes à laquelle le tuteur appartient. Lorsque la tutelle est déférée à un étranger, le conseil de famille peut nommer pour subrogé-tuteur qui bon lui semble. Si, au contraire, elle réside dans la personne d'un parent du mineur, la loi apporte alors une restriction au pouvoir du conseil de famille : *Le subrogé-tuteur*, dit-elle, *sera, dans ce cas, pris dans la ligne à laquelle le tuteur n'appartient pas.* La loi, par ces dernières paroles, a voulu sans doute dire que le conseil de famille ne doit pas prendre le subrogé-tuteur dans la ligne à laquelle appartient le tuteur; mais elle n'a pas entendu, je présume, enlever au conseil de famille la faculté de nommer, lorsqu'il le juge convenable, un étranger de préférence à un parent du mineur. C'est ce qui résulte d'un arrêt de la Cour de Bordeaux, en date du 20 août 1811 (1). La Cour d'Aix, plus récemment, avait aussi adopté cette maxime, en décidant que les *dispositions de l'art. 423*

____

(1) Cour de Bordeaux, 20 août 1811, Capelleu. Sirey, 1811, t. ii, 479.

n'étant pas prescrites à peine de nullité, on peut nommer un étranger pour subrogé-tuteur, lors même que le mineur a des parents dans l'une ou l'autre ligne (1). M. Augier, dans sa brillante *Encyclopédie des juges de paix,* professe formellement cette doctrine (2).

Comme la tutelle, la fonction du subrogé-tuteur est une charge qu'on ne peut refuser, à moins qu'on ne se trouve dans un cas d'excuse légitime. Les causes d'excuses applicables au tuteur le sont également au subrogé-tuteur. La loi lui fait aussi l'application des causes d'incapacité, d'exclusion et de destitution admises en matière de tutelle.

Comme pour la tutelle, les fonctions du subrogé-tuteur cessent par la mort, la majorité ou l'émancipation du mineur. Si pendant la tutelle, par une cause quelconque, les fonctions de tuteur viennent à cesser, le subrogé-tuteur conserve la sienne. Cependant, le conseil de famille pourra, à raison soit du caractère et de la position du nouveau tuteur, soit aussi à cause des rapports d'amitié existant entre le nouveau tuteur et le subrogé-tuteur en exercice, remplacer ce dernier par un subrogé-tuteur plus convenable. Le conseil de famille devra nécessairement changer le subrogé-tuteur, lorsque le nouveau tuteur sera pris dans celle des deux lignes du mineur à laquelle ce premier appartient déjà ; car le texte de la loi est assez formel : elle ne veut pas que le tuteur et le subrogé-tuteur soient tous deux pris dans la même ligne (3).

Nous venons de voir quelles sont les tutelles admises par la loi, de quelle manière elles se défèrent ; ce que c'est que le conseil de famille qui confère la dernière des tutelles, c'est-à-dire la tutelle dative ; nous avons vu quelles étaient les attributions du subrogé-tuteur ; voyons maintenant celles qui dispensent de la tutelle ainsi que les causes d'incapacité, d'exclusion, de destitution.

SECTION VI.

L'intérêt du mineur commandait que la tutelle fût considérée comme une

(1) Cour d'Aix, 15 novembre 1843. Taxy. Dev., 1844, art. 11, 255.
(2) Augier, *Encyclopédie des juges de paix,* t. v, Subrogé-tuteur, p. 99.
(3) Augier, *Encyclopédie des juges de paix,* t. v, Subrogé-tuteur, § 3, n° 2, art. 423.

charge publique : *Tutalam et curam placuit publicum munus esse* (1). Il ne doit donc pas dépendre de la volonté de ceux à qui elle est déférée de la refuser (1370), comme il n'est pas donné à tous de l'obtenir ou de la conserver.

Les causes d'abstention et d'exclusion étaient, dans le Droit Romain, confondues sous le nom trop généralisé d'*excuses*. Le Code a admis une division et des qualifications plus conformes à la nature des choses, en traitant séparément des dispenses et des exclusions ou incapacités.

Parmi les causes d'excuse, les unes sont fondées principalement sur l'intérêt général, en ce sens que la loi n'a pas voulu placer ceux qui remplissent des fonctions publiques, dans l'alternative de négliger les fonctions dont ils sont investis ou la tutelle qui leur serait déférée, lorsqu'ils ne croient pas eux-mêmes pouvoir suffire à ce double travail. Les autres sont fondées principalement sur l'intérêt particulier et quelquefois même sur certaines considérations de faveur pour celui auquel elles sont accordées. Parmi ces causes d'excuses, les unes sont perpétuelles, d'autres temporaires.

Les causes légales d'excuses admises par le Code Napoléon sont au nombre de sept :

Certaines fonctions ou services publics (427, 431);

La qualité d'étranger au mineur, lorsqu'il y a des parents ou alliés, dans un certain rayon, en état de gérer la tutelle (432);

L'âge (433);

Les infirmités (434);

Le nombre de tutelles (435);

Le nombre d'enfants (436);

Le sexe, qui est une cause d'excuse pour la mère survivante (394).

La première de ces excuses est fondée sur l'intérêt général. Certaines dignités éminentes dans l'État ont été, sous tous les régimes, une cause de dispense. Seulement, le titre de ces dignités a changé avec les évènements qui bouleversent d'une manière, hélas! si fatalement périodique, notre organisation politique. En sont dispensés : les membres de la famille impériale, les grands dignitaires et grands officiers de l'empire, les sénateurs, les con-

---

(1) Inst. Just., *de Exc. tut. vel cur.*

seillers d'État, les membres du Corps Législatif, les présidents et conseillers, procureur général et avocats généraux en la Cour de Cassation (1) ; les magistrats de la Cour des Comptes (2).

L'art. 427 déclare encore dispensés :

Les préfets, et, en général, tout citoyen exerçant une fonction publique dans un département autre que celui où la tutelle s'établit. « Cette dernière » cause de dispense est applicable, non-seulement aux ecclésiastiques des- » servant des cures ou des succursales, mais à toutes personnes exerçant » pour les cultes des fonctions qui exigent résidence dans lesquelles ils sont » agréées par Sa Majesté, et pour lesquelles ils prêtent serment » (3).

D'après la lettre du garde-des-sceaux, les notaires, étant officiers publics, sont dispensés de la tutelle, lorsqu'elle s'ouvre hors du département où ils exercent leurs fonctions (4).

J'ajouterai aussi comme dispensés de la tutelle :

1° Les militaires en activité de service, et non ceux qui sont retraités ou réformés ;

2° Les personnes qui remplissent hors du territoire de l'empire une mission de l'Empereur ; le père du mineur qui remplirait une des fonctions éminentes énoncées dans l'art. 427, serait, par les termes de cet article, dispensé de la tutelle de ses enfants mineurs. On aurait bien pu, je crois, ne pas accorder cette espèce de dispense au père, lorsqu'il s'agit de la tutelle de ses propres enfants ; car le père, lorsqu'il invoque une telle excuse, *contrà naturales stemu los facit* (5).

Tous ceux qui occupent les emplois qui viennent d'être mentionnés, ont donc le droit de refuser la tutelle qui leur serait déférée. Cependant, s'ils acceptent la tutelle postérieurement à leurs fonctions et sans invoquer l'excuse, ils ont, par là, reconnu leur possibilité de suffire à ces diverses occupations, et ils ne sont plus admis à se faire décharger de la tutelle pour cette cause (430). Si, au contraire, ce n'est que postérieurement à la tutelle que

(1) Constitution du 18 mai 1804, tit. 3 à 11.
(2) Loi du 16 septembre 1807, art. 7.
(3) Avis du Conseil d'État, 4-20 novembre 1806.
(4) Lettre du garde-des-sceaux, 27 novembre 1821.
(5) Loi 36, § 1, ff *de Excusatione*.

ces fonctions lui sont conférées, ils peuvent invoquer l'excuse et se faire décharger de la tutelle, mais à la charge par eux de faire convoquer le conseil de famille dans le *délai d'un mois;* passé ce délai, ils ne sont plus recevables.

Les fonctions et services publics dont je viens de parler appartiennent à la classe des exceptions temporaires. Ainsi, lorsque le fonctionnaire public cesse de l'être, alors que dure encore la tutelle qu'il a refusé de prendre ou dont il s'est fait décharger, le conseil de famille *peut* la lui rendre s'il la demande, ou même, quoiqu'il ne la demande pas, si le nouveau tuteur qui a été nommé à sa place demande sa déchéance. Le conseil de famille, du reste, est investi à cet égard d'un pouvoir tout discrétionnaire et souverain; la loi s'en rapporte à sa sagesse. C'est à lui de voir, d'après les circonstances, s'il convient mieux de laisser la tutelle au tuteur en exercice ou de la rendre à l'ancien.

Les causes d'excuse de la tutelle qui ont pour fondement l'intérêt privé et l'équité naturelle, sont plus nombreuses; elles existent :

1° En faveur de tout citoyen non parent ni allié du mineur. Il ne peut, en effet, être forcé d'accepter la tutelle, à moins qu'il n'y ait pas, dans la distance de 4 myriamètres, des parents ou alliés en état de gérer la tutelle (432).

Si la tutelle, en effet, peut être considérée comme une charge publique, elle est aussi, et même principalement, une charge de famille, et les termes de la loi ne sont que la conséquence de cette maxime romaine : *Ubi est emolumentum successionis, ibi tutelæ onus esse debet.*

2° En faveur de tout individu âgé de soixante-cinq ans accomplis. Celui qui a été nommé avant cet âge peut, à soixante-dix ans, se faire décharger de la tutelle. Quoique notre texte n'accorde qu'à celui qui a été nommé tuteur avant soixante-cinq ans la faculté de se faire décharger à soixante-dix, il faut aussi reconnaître que cette faculté doit être accordée à celui qui, après soixante-cinq ans, aurait accepté la tutelle. On ne doit pas conclure de ce qu'il a voulu bien volontairement se donner un fardeau qu'il pouvait refuser, qu'il doive être placé hors des termes du droit commun, et grevé, peut-être pour le reste de ses jours, d'une charge onéreuse. Non-seulement son intérêt, mais encore celui du pupille, pourraient avoir trop à souffrir d'une décision contraire.

Quelques auteurs, se basant sur ce que l'art. 432, dans ses premiers mots, a dit sa soixante-cinquième année accomplie, et que ce terme *accompli* n'accompagne pas soixante-dix ans, prétendent qu'il suffit, pour se faire décharger de la tutelle, que la soixante-dixième année soit commencée. Ils invoquent l'art. 2066 du Code Napoléon : *Il suffit que la soixante-dixième année soit commencée pour éviter la contrainte par corps*, et, d'après eux, cet article consacrerait la maxime autrefois reçue : *Annus in captus prq completo habetur.*

Cet argument ne me semble nullement bien fondé ; je ne puis admettre que les rédacteurs du Code aient, dans une même disposition, compté l'année de deux manières différentes. Leur pensée a été la même dans les deux cas, et ils ont voulu éviter une redite. *Non videtur major esse septuagenta annis, qui annum agit septuagesimum* (1).

3° En faveur de celui qui est atteint d'une infirmité grave et dûment justifiée. Il peut même se faire décharger de la tutelle, si cette infirmité est postérieure à sa nomination (434).

Le mot infirmité suppose une affection, un état permanent, comme la paralysie, par exemple, la cécité. Il ne s'applique donc pas à une maladie passagère, à une blessure. Si pourtant la maladie était elle-même un état permanent, *perpetuum corporis vitium* (2), elle constituerait une infirmité.

Pour les deux excuses dont je viens de parler, celle de l'âge et des infirmités, la loi n'a déterminé aucun délai dans lequel elles devraient être proposées sous peine de déchéance. Le tuteur a voulu lutter contre l'âge et les infirmités ; mais il ne saurait avoir ainsi perdu son titre à cette dispense dont le temps et la souffrance n'ont fait que justifier, de plus en plus, la légitimité.

4° En faveur de celui qui est déjà chargé de deux tutelles (435). Trois tutelles seraient, en effet, un fardeau trop lourd à supporter. Au reste, ce n'est pas par le nombre des mineurs, mais par celui des patrimoines que se comptent les tutelles, et il peut n'y avoir qu'une tutelle quoiqu'il y ait deux frères mineurs ou un plus grand nombre. C'est ce qui arri-

(1) L. 3, ff *de Jure immunitatis.*
(2) L. 104, § 2, ff *de Verborum significatione.*

vait dans le Droit Romain : *Non numerus pupillorum plures facit tutelas, sed patrimoniorum separatio* (1).

Celui qui, époux ou père, ajoute l'art. 435, est chargé d'une tutelle, ne peut être tenu d'en accepter une seconde, excepté celle de ses enfants.

5° Enfin, en faveur de ceux qui ont cinq enfants légitimes. Ils sont dispensés de toute tutelle, sauf celle de leurs enfants. Ceux qui sont morts à l'armée, en activité de service, comptent comme s'ils étaient vivants. Les enfants morts de toute autre manière ne comptent que s'ils ont eux-mêmes laissé des enfants, lesquels ne comptent que pour leur auteur qu'ils représentent (436). Ici, comme il ne s'agit pas des intérêts de l'enfant, on n'admet pas la maxime : *infans conceptus pro nato habetur;* il faut qu'il ait déjà vu le jour, peu importe que quelques instants après il cesse de vivre : *Neque rursus procent, qui postea morientur* (2).

Cet article ne s'applique qu'aux enfants légitimes. Les enfants naturels ou reconnus, ni ceux adoptifs ne seront point comptés.

Enfin, rappelant l'art. 394, que j'ai déjà mentionné, je dirai qu'il existe une excuse en faveur de la mère, qui peut se dispenser d'accepter la tutelle.

Telles sont aujourd'hui les causes légales d'excuses ou de dispenses admises par le Code Napoléon. Empruntées à notre ancienne législation, celle-ci les tenait toutes du Droit Romain, comme on peut s'en convaincre facilement. Le Droit Romain était même plus large dans ses dispenses, car la pauvreté et l'ignorance étaient parmi les causes d'exemption, et un arrêt de la Cour de Cassation nous apprend que ces causes ne sont pas admises dans notre législation (3).

Les causes d'excuses étant établies dans l'intérêt de celui qui est appelé à la tutelle, il peut donc y renoncer *expressément* lorsqu'il en fait une déclaration dans un acte quelconque; *tacitement,* par sa conduite, par exemple, en laissant expirer le délai que la loi lui accordait pour présenter son excuse.

---

(1) L. 3, ff *de Excusationibus.*
(2) L. 2, ff *de Excusat. tutorum.*
(3) Cass., 7 juin 1820, Virginie Hours; Sirey, 1820, 1, 366.

C'est au conseil de famille d'abord d'apprécier, d'admettre ou de rejeter les causes d'excuses.

Comment et dans quel délai ces excuses doivent-elles être prononcées ? La loi, en cette matière, n'admet pas de lenteurs, et le tuteur ou le subrogé-tuteur est obligé de se prononcer promptement. S'il est présent à la délibération du conseil qui lui confère la tutelle, il doit, *sur-le-champ*, proposer son excuse, sous peine d'être déclaré ensuite non recevable (438). S'il n'était pas présent à la délibération, il doit faire convoquer le conseil pour délibérer sur ses excuses, et cela dans le délai de trois jours à partir du jour où la notification lui a été faite. Ce délai est augmenté d'un jour par 3 myriamètres de distance du lieu de son domicile à celui de l'ouverture de la tutelle (439).

Si les excuses du tuteur viennent à être rejetées, il peut attaquer les délibérations du conseil et se pourvoir devant les tribunaux. La loi, qui veille toujours aux intérêts des mineurs, veut que pendant le litige, celui qui est appelé à la tutelle, administre provisoirement. Il ne doit pas pourtant, à raison de cette administration, être soumis à toutes les conséquences de la tutelle, car en réalité il n'est pas définitivement tuteur.

Si le tuteur succombe dans le litige, il sera condamné aux dépens (441), suivant la règle générale (130 C. de Proc.). Si, au contraire, il réussit, la loi laisse aux magistrats la faculté d'apprécier les motifs qui ont dirigé les membres du conseil qui ont rejeté les excuses, pour les condamner ou ne pas les condamner aux dépens.

Il y a donc cette différence dans cette contestation entre le tuteur et ses adversaires, que ceux-ci peuvent ne pas être condamnés aux frais même en succombant, et il en sera ainsi lorsqu'ils auront été poussés par l'intérêt du mineur, qui alors devra les supporter; tandis que le tuteur, qui ne peut pas faire valoir le même motif, doit nécessairement y être condamné, lorsque ses excuses sont rejetées définitivement.

SECTION VII.

De l'incapacité, des exclusions et destitutions de la tutelle.

Les excuses et les incapacités ne doivent pas être confondues. L'incapacité écarte de la tutelle ceux même qui voudraient l'accepter. L'excuse en dispense ceux qui pourraient être tuteurs s'ils y consentaient.

La tutelle est un droit en même temps qu'une charge; aussi on ne peut pas en priver quelqu'un malgré, disait Mesli, et sans connaissance de cause (1).

C'est 'a loi elle-même qui détermine les causes d'incapacité, d'exclusion et de destitution. Ces trois mots expriment trois situations qui, pour être voisines l'une de l'autre, ne sont pourtant pas identiques et ne doivent pas être confondues.

Les causes d'incapacité sont de deux sortes : les premières reposent sur des motifs qui n'ont rien d'humiliant pour l'incapable; elle n'affectent ni son honneur, ni sa probité. Sont dans cette classe : 1° la minorité; 2° l'interdiction; 3° le sexe; 4° l'opposition d'intérêt.

Les autres, au contraire, ont leur source dans une faute qui, par sa nature, entache l'honneur, la probité, ou au moins la dignité de la personne qui l'a commise. Sont dans cette catégorie : 1° les condamnations à une peine afflictive ou infamante; 2° l'inconduite notoire; 3° l'incapacité; 4° l'infidélité. Ces incapacités sont connues sous le nom d'*exclusion* ou de *destitution*.

Les premières, lorsqu'elles existent avant l'ouverture de la tutelle, empêchent la *nomination* de l'incapable ou le font *écarter* quand il se présente en qualité de tuteur légitime ou testamentaire. Lorsqu'elles surviennent pendant le cours de la tutelle, elles amènent la *révocation* du tuteur en exercice.

Les secondes, si elles existent à l'ouverture de la tutelle, empêchent la nomination de l'"incapable ou le font *exclure*; si elles surviennent depuis l'acceptation de la tutelle, elles le font *destituer*.

Sont incapables d'être tuteurs :

1° Les mineurs. Il est clair que celui qui n'est pas encore capable, ne peut pas être chargé de diriger un autre incapable. Les père et mère mineurs sont les seuls que la loi autorise. L'affection qu'ils portent à leurs enfants doit suppléer à l'expérience qui leur manque.

2° Les interdits. Cette incapacité ne s'applique pas aux demi-interdits, c'est-à-dire à ceux qui, vu leur prodigalité (543), vu leur faiblesse (493),

(1) Mesli, *des Minorités*, t. i, ch. 10, n° 24.

ont reçu un conseil judiciaire. Les incapacités sont, en effet, de droit étroit et ne s'étendent pas par analogie d'un cas à un autre (1).

3° Les femmes mariées ou non, sauf : 1° la mère qui peut être tutrice de ses enfants, et 2° les ascendantes qui peuvent être appelées à la tutelle testamentaire ou dative de leurs petits-fils. On doit aussi ajouter la femme qui peut être nommée tutrice de son mari interdit (507).

4° Ceux qui ont, ou dont les père et mère ont avec le mineur un procès dans lequel l'état de ce mineur, sa fortune et une partie notable de ses biens est compromise. Si c'est postérieurement à la tutelle que survient le procès, le tuteur doit cesser ses fonctions; il est *révoqué*, mais non *destitué;* ce qui ne peut laisser aucune impression fâcheuse sur son compte.

Passons maintenant aux cas d'exclusion et de destitution.

Devront être exclus ou destitués :

1° Les condamnés à une peine afflictive ou infamante. Dans ce cas, l'exclusion ou la substitution a lieu de plein droit. Si alors on convoque le conseil, c'est pour qu'il pourvoie uniquement à la nomination d'un nouveau tuteur.

L'incapacité subsiste même après la peine subie, et tant que le condamné n'a pas été réhabilité. Toutefois, et d'après un adoucissement émis dans l'art. 28 du Code Pénal, le père qui a subi sa peine peut, sur l'avis de la famille, recevoir la tutelle de ses enfants.

2° Ceux auxquels un jugement de police correctionnelle a expressément interdit l'exercice du droit de tutelle (42, 6, 335, 401, 410 C. P.).

3° Ceux qui sont d'une inconduite notoire, c'est-à-dire qui se déshonorent par la dépravation de leurs mœurs, ou qui dissipent follement leur patrimoine.

4° Enfin ceux dont la gestion atteste l'incapacité ou l'infidélité. En plaçant sous la même ligne l'incapacité et l'infidélité, les rédacteurs du Code ont été trop rigoureux. L'infidélité, en effet, c'est l'indélicatesse, l'improbité : *suspectus est qui non ex fide tutelam gerit* (2). L'incapacité, au contraire, c'est l'inexpérience, l'inaptitude. Le Droit Romain, en parlant de l'incapa-

____

(1) Caen, 15 janvier 1811, de Pierrepont; Sirey, 1812, ii, 206.
(2) Inst., § 5, *de Excusationibus*.

cité, avait fait cette différence : *Qui ob inertiam, segnitum, rusticitatem vel simplicitatem remotus sit in hac causa est, ut integra existimatione tutela vel cura abeat* (1).

Ces différentes causes d'exclusion sont aussi applicables au père et à la mère qu'aux autres tuteurs. Leur incapacité n'est pas moins dangereuse pour les intérêts moraux et matériels du mineur, et leur infidélité est bien plus coupable encore que celle de tout autre.

Les causes qui rendent une personne incapable de gérer la tutelle, la rendent également inhabile à faire partie d'un conseil de famille. Cette prohibition ne s'applique pas à la mère qui par l'effet de son second mariage perd la tutelle ; car elle n'est pas, à proprement parler, exclue ni destituée, et sa non-conservation est plutôt dirigée contre son second mari que contre elle ; elle ne doit pas non plus s'appliquer à celui qui a été exclu ou révoqué de la tutelle à cause d'un procès avec le mineur, ni aux incapables dont l'incapacité peut cesser, ni, enfin, à celui qui a subi temporairement une peine qui n'était ni afflictive, ni infamante.

Toutes ces incapacités et ces causes d'exclusion dont je viens de parler sont limitatives, et les tribunaux ne peuvent les prononcer que dans des cas prévus par une loi.

Les exclusions ou les destitutions sont prononcées par le conseil de famille, convoqué par le subrogé-tuteur. Nous avons vu que tous les parents ou alliés du mineur, jusqu'au degré de cousins germains, pouvaient requérir cette convocation. Le juge de paix peut lui-même faire d'office la convocation, et il doit être fait droit à sa réquisition.

C'est après avoir entendu le tuteur qu'on peut délibérer, et la délibération doit être motivée, alors même qu'elle est unanime. Si elle n'est pas unanime, l'avis de chacun des membres doit être motivé au procès-verbal (883, Pr. Civ.). Mais le conseil, avant de prononcer l'exclusion du tuteur, peut l'inviter à se démettre ou même recevoir la démission qu'il offrirait lui-même (2).

Si le tuteur exclu adhère à la délibération, il en est fait mention dans le

(1) Loi 3, § 18, *de Suspecta tutela.*
(2) Cassation, 17 février 1835, Pelleport ; Dalloz, 1835, t. i, 170.

procès-verbal, et le nouveau tuteur entre aussitôt en fonction. Si, au contraire, il y a réclamation, la délibération est portée devant le Tribunal de première instance, soit par le subrogé-tuteur, soit par le tuteur lui-même, exclu ou destitué. Le tuteur exclu peut aussi lui-même assigner le subrogé-tuteur, pour se faire déclarer maintenu dans la tutelle. Il ne peut, dit M. Duranton (t. III, p. 514), former sa demande contre ceux des membres du conseil qui ont émis l'avis de l'exclure ou de le destituer.

Les parents ou alliés qui ont requis la convocation, pourront intervenir dans la cause, qui sera instruite et jugée comme affaire urgente (art. 449), c'est-à-dire dispensée du préliminaire de la conciliation (49, P. C.), et même sujette, pour l'assignation, à un délai moindre que le délai ordinaire (72, P. Civ.). Le tuteur exclu ou destitué est désormais sans titre et sans qualité pour administrer les biens du mineur. Tous les actes postérieurs qu'il fait sont nuls; pourtant, d'après l'article 1375 et un arrêt de la Cour impériale de Colmar en date du 25 juillet 1817 (1), les actes du tuteur ne seront pas nuls s'ils ont constitué, au profit du mineur, une utile gestion d'affaire.

POSITIONS.

I. Si le juge de paix appelait des amis pour composer le conseil de famille, bien qu'il existât des parents dans le rayon de 2 myriamètres, cette irrégularité entraînerait-elle nullité des délibérations du conseil de famille ? — Oui.

II. La nomination d'un curateur au ventre est-elle nécessaire, lorsque la femme, enceinte au moment du décès du mari, a déjà des enfants issus du mariage ? — Oui.

III. La dévolution d'un degré à un autre est-elle admise pour la tutelle ? — Non.

IV. Lorsque la nomination d'un tuteur est faite en son absence, quelle est la manière et le délai de la notification au tuteur ?

V. Un tuteur exclu ou destitué pourra-t-il, plus tard, être réintégré dans une tutelle quelconque ? — Non.

(1) Colmar, 1817, 25 juillet, Hellmutt; Sirey, 1818, t. II, 250.

DROIT COMMERCIAL.

Des Livres de Commerce.

« Tout commerçant est tenu d'avoir un livre-journal qui présente, jour
» par jour, ses dettes actives et passives, les opérations de son commerce,
» ses négociations, acceptations ou endossements d'effets, et généralement
» tout ce qu'il reçoit et passe, à quelque titre que ce soit, et qui énonce,
» mois par mois, les sommes employées à la dépense de sa maison ; le
» tout indépendamment des autres livres usités dans le commerce, mais
» qui ne sont pas indispensables. — Il est tenu de mettre en liasse les
» lettres missives qu'il reçoit et de copier sur un registre celles qu'il
« envoie. » (T. ii, art. 8, C. de Com.)

Tout commerçant est obligé de tenir des livres. Cette obligation est de la
plus haute importance pour lui; ce n'est que par ses livres qu'il lui est
permis de justifier ses demandes ou repousser celles qui pourraient lui être

faites injustement. L'ordre est pour le commerçant l'un de ses devoirs le plus sacré. Ce n'est que par la bonne tenue des livres qu'il lui est possible de connaître d'une manière sûre l'état de ses affaires ; et le législateur a tellement reconnu l'importance de ses livres, qu'il a voulu qu'ils fussent assujettis à certaines formalités, afin que la fraude et la mauvaise foi ne puissent se glisser dans les actes commerciaux. Une ordonnance de 1673 voulait que les négociants et les marchands, tant en gros qu'en détail, eussent un livre qui continuent tout leur négoce. L'art. 8 du Code de Commerce n'a fait que reproduire cette ordonnance en la complétant.

En tenant régulièrement ses livres, le commerçant est nécessairement obligé d'ouvrir les yeux sur ses fautes ; il peut donc les réparer, s'il est possible, et les éviter dans d'autres occasions. S'il est malheureux dans ses spéculations et qu'il tombe en faillite, le Tribunal peut, par la vérification de ses livres, voir s'il est fautif, s'il y a fraude et mauvaise foi, ou bien si ce n'est qu'à de fâcheux évènements qu'il doit sa ruine. Cette nécessité de la tenue des livres n'est pas seulement utile pour le commerçant lui-même, mais encore pour les tiers. Ils peuvent servir de titre contre les marchands. Les héritiers peuvent connaître, d'une manière certaine, quelle est leur succession, et la liquidation peut s'opérer sans difficulté.

Cette obligation de tenue de livres est, comme le dit l'art. 8, obligatoire à *tout commerçant*, même pour les marchands en détail, à moins que ce ne soit un commerçant qui ne fait des affaires qu'au comptant ; car, alors, il ne peut tomber en faillite. Les personnes qui ne font que passagèrement des actes de commerce ne sont pas obligées d'avoir des livres.

Les commerçants sont tenus d'avoir trois espèces de livres :

1° Le livre-journal ;

2° Le livre de copie de lettres ;

3° Le livre des inventaires.

1° *Livre-journal.* — Le livre-journal est le livre où le commerçant doit inscrire, jour par jour, toutes ses dettes actives ou passives, toutes ses négociations, toutes ses affaires. Il doit y mentionner tout ce qu'il reçoit et tout ce qu'il donne.

Cependant, il ne faut pas croire que le commerçant soit obligé au même détail, souvent impossible, de toutes les ventes et toutes les dépenses qu'il fait. Il suffit qu'il énonce en gros, à la fin de chaque jour, le produit de ses ventes. C'est pour ne pas entrer dans des détails trop minutieux, qu'il peut énoncer les sommes employées à la dépense de sa maison que mois par mois.

Le commerçant doit aussi inscrire sur son livre-journal la dot de sa femme. De cette manière, il ne peut soustraire, en cas de faillite, son actif au créancier, parce que l'impossibilité où il serait de justifier l'emploi de la dot rendrait sa banqueroute plus évidente.

D'ailleurs, le commerçant n'est pas seulement tenu d'inscrire ce que sa femme lui apporte, mais encore tout ce qui lui vient de son chef ou de celui de sa femme, par succession ou donation.

Enfin, en résumé, le commerçant doit inscrire sur son livre-journal tout ce qui peut influer sur l'état de sa fortune.

2° *Livre des copies de lettres.* — Le commerçant doit, pour sa correspondance, avoir un registre sur lequel il copie les lettres qu'il écrit à ses correspondants et à ceux avec lesquels il est en relation pour affaire. De cette manière, il lui est permis de comparer les lettres qu'il reçoit avec celles qu'il a écrites et de se tenir au courant de ses affaires. Quant aux lettres qu'il reçoit, il doit les conserver et les mettre en ordre. Il est bon que les commerçants gardent également les factures, les lettres de voiture et les autres lettres qui viennent à l'appui de leurs écritures et peuvent servir, avec l'ensemble de leur correspondance, à constater l'ensemble de leurs opérations.

3° *Le livre des inventaires.* — « Le commerçant est tenu de faire, tous
» les ans, sous seing-privé, un inventaire de ses effets mobiliers et de ses
» dettes actives et passives, et de les copier, par année, sur un registre
» spécial à ce destiné. » (Art. 9, C. de Com.)
Cette formalité fut ordonnée par l'Ordonnance de 1673. Seulement cet inventaire n'était exigé que chaque deux ans. Le Code a voulu qu'il soit fait chaque année. Le commerçant peut, plus avantageusement, apprécier les conséquences de ses opérations; il peut voir quelles sont ses ressources

et s'il lui est permis de donner plus d'étendue à ses entreprises. Cet inventaire n'exige pas la présence d'un officier public. Il doit être fait par le commerçant. Outre ces livres, les commerçants en ont généralement d'autres qui ne sont pas indispensables et qui ne sont que des suppléments du livre-journal, et qui, le plus souvent, ne font que le développer. Les plus connus, sont : le grand-livre, le livre de caisse, des frais généraux, d'échéances, etc.

La loi ne parle pas de ces livres. Quant aux trois livres principaux, comme ils ont quelque chose d'officiel, puisqu'il peuvent avoir une grande influence auprès des tribunaux, la loi a exigé certaines formalités pour éviter la fraude. Elle a voulu qu'ils fussent tenus par ordre de dates, sans blancs, lacunes, ni transports en marge ; s'il y a des rectifications à faire, elles doivent être l'objet d'un article particulier, daté du jour où on s'est aperçu de l'erreur. De plus, ils doivent être cotés, paraphés et visés par un juge du Tribunal de commerce du lieu de la résidence du commerçant. Chaque feuillet est numéroté et paraphé, s'il n'y a pas de tribunal, par le maire ou un adjoint. Au commencement du registre, on indiquera le nombre de feuillets ; chaque feuillet sera numéroté, et le dernier sera signé par le magistrat.

Ces formalités sont communes au livre-journal, au livre de copies de lettres et au livre des inventaires. Le livre-journal et le livre des inventaires doivent être paraphés et visés, une fois par année, par un juge du Tribunal de commerce. Cette mesure a été prise afin qu'un registre ne puisse être coté et paraphé à l'avance et conservé en blanc pour recevoir des écritures mensongères.

Il n'a pas été nécessaire qu'on exigeât cette formalité pour le registre de copies de lettres, parce qu'il est difficile que la supercherie puisse se glisser dans ce registre. D'ailleurs, la fraude serait trop évidente par la présentation des lettres originales qui sont dans les mains des adversaires.

Les commerçants sont tenus de conserver les livres pendant dix ans, à partir de l'époque à laquelle ils auront été clôturés. Comme la plupart des engagements commerciaux se prescrivent par trente ans, il est étonnant que la loi ait fixé la conservation des livres à dix ans. Et quoique rien dans le Code n'oblige à les conserver au-delà de dix ans, il est prudent pour les commerçants de les garder plus longtemps, parce que s'il arrive que leur témoignage soit utile à la justice et qu'on puisse prouver leur sincérité, il est probable qu'ils possèderaient le même privilége qu'ils auraient eu si les dix années n'étaient pas écoulées ; et quoique les registres d'un demandeur ne font de plein droit titre en sa faveur, les juges peuvent les admettre comme preuve sans que ce soit pour eux une obligation.

Les preuves qui résultent des livres de commerce sont très importantes ; mais il faut que la contestation se soit élevée entre commerçants, pour qu'elle puisse être prouvée par la seule énonciation des registres ; car si le différend existait entre un commerçant et une personne étrangère au commerce, les livres ne peuvent faire preuve que contre lui, parce que la partie non commerçante ne pourrait avoir les mêmes avantages. Mais bien que les livres ne fassent pas preuve contre les personnes étrangères au commerce, les livres ne sont pas cependant sans effet, car l'art. 1329 du Code Napoléon dit : « Les registres des marchands ne font pas, contre les personnes non marchandes, preuve des fournitures qui y sont portées, *sauf ce qui sera dit à l'égard du serment.* Le juge peut alors puiser dans les livres du commerçant, s'ils sont bien tenus, un commencement de preuve, et exiger son serment pour suppléer ce qui pourrait manquer à sa demande ; mais si ses livres sont mal tenus ou s'il n'y en a pas, le serment de l'autre partie peut être admis contre lui. — Il faut, pour cela, qu'il s'agisse de marchandises fournies ; car s'il s'agissait de toute autre obligation, le juge ne pourrait juger sur le témoignage des registres et déférer le serment.

On s'est demandé si les fournitures faites par le marchand pouvaient être prouvées par témoins. Les opinions sont partagées. Toullier et Zachariæ prétendent que puisque la loi permet de déférer le serment supplétoire au marchand demandeur, il est plus logique de s'en rapporter à des témoins qu'au demandeur. L'on répond à cela qu'on ne saurait aller plus loin que la loi ; que l'art. 1329 est une exception du principe du droit commun que nul ne peut se créer un titre à soi-même, et qu'on ne peut l'étendre au-delà des termes où il est conçu.

Les commerçants qui ne se conforment pas aux prescriptions dont nous avons parlé pour la régularité de leurs livres, ne peuvent ni les présenter à leur profit, ni les invoquer en justice ; mais ils peuvent être consultés contre eux sur la demande de l'adversaire. Ils ne peuvent faire foi au profit de celui qui les a tenus. De plus, si le commerçant vient à tomber en faillite et que les livres n'aient pas été tenus d'une manière régulière, il est considéré banqueroutier simple, d'après l'art 586 C. de C.

S'il les a soustraits et dissimulé son actif, il est déclaré banqueroutier frauduleux.

De la communication et de la représentation des livres.

La communication des livres est la remise des livres au greffe du Tribunal de commerce ou entre les mains de l'adversaire afin d'être examinés. La communication ne peut, d'après l'art. 14, être ordonnée en justice que dans les affaires de successions, de communauté, de partage de société et de faillite.

La loi n'a pas voulu que les livres fussent communiqués dans d'autres affaires; mais pour celles-là, la communication est indispensable; mais c'est un droit pour les héritiers, les associés et les créanciers, puisque c'est leur bien. Quant au failli, la publicité de ses affaires n'a aucun inconvénient.

La *représentation* diffère beaucoup de la communication. Elle n'est que la production des livres de commerce, à l'audience ou devant les arbitres, afin d'être consultés sur un *point spécial* et pour qu'on puisse extraire ce qui concerne le différend existant entre les parties. Cet extrait ne peut être fait qu'en présence du commerçant propriétaire des livres.

La représentation des livres de commerce, à la différence de la communication, peut être ordonnée dans toute espèce de contestation. La loi a laissé la faculté au tribunal de juger de l'opportunité de la représentation.

Elle peut être ordonnée : 1° à la demande du commerçant pour venir à l'appui de ses prétentions; 2° l'une des deux parties peut demander la représentation des livres de l'adversaire; 3° enfin, elle peut être ordonnée d'office par le tribunal, sans que les parties l'eussent demandée.

Si un commerçant fait le dépôt de ses livres au greffe du tribunal, afin que les juges en prennent connaissance, il n'y a pas communication; c'est seulement la représentation dont il est parlé dans l'art. 15, C. Com. De même s'ils ont été remis au greffe de la Cour et qu'un expert a été chargé d'en extraire ce qui concerne le différend, ce n'est qu'une représentation.

Lorsque les livres sont éloignés de l'endroit où se juge le différend, les juges peuvent adresser une commission rogatoire au Tribunal de commerce de ces lieux, ou s'il n'y en a pas, déléguer le juge de paix du lieu, pour en prendre connaissance, dresser un procès-verbal du contenu et l'envoyer au tribunal saisi de l'affaire.

Enfin, l'art. 17 nous dit : « Si la partie aux livres de laquelle on offre » d'ajouter foi refuse de les représenter, le juge peut déférer le serment à » l'autre partie. » En effet, si le commerçant, aux livres duquel l'adversaire consent à s'en rapporter, refuse de les représenter, il convient, en quelque sorte, si c'est le demandeur, qu'il n'a aucun titre pour venir accréditer sa demande ; si, au contraire, il est défendeur et qu'il ne puisse rien opposer aux réclamations de l'adversaire, il y a une grande présomption pour admettre que ce qu'on lui demande est juste. Du reste, la loi donne la faculté aux juges de décider de l'opportunité de déférer le serment. L'art. 17 n'est pas impératif, et c'est à dessein que le législateur donne toute liberté au juge pour déférer le serment.

QUESTIONS.

I. Les livres de commerce peuvent-ils être visés par les maires ou adjoints, même dans les villes où il existe un Tribunal de commerce ? — Oui.

II. Malgré que la présomption est qu'on n'ait pas gardé les livres de commerce au-delà de dix ans, peuvent-ils faire foi en justice après les dix années écoulées ? — Oui.

DROIT ADMINISTRATIF.

De la juridiction administrative gracieuse et contentieuse en matière de dessèchements des marais.

On entend par marais , « des terres abreuvées ou couvertes d'eau sta-
» gnantes, soit à cause de l'absence d'écoulement des eaux , soit parce que
» les couches inférieures, composées de glaise ou d'argile compacte, s'oppo-
» sent à l'infiltration. » Ces eaux dormantes sont presque toujours insalu-
bres et sont presque toujours les causes de maladies terribles pour les popu-
lations qui avoisinent ces lieux marécageux.

Jusqu'en 1599 on n'avait pas encore songé à dessécher nos marais. Ce
fut Henri IV qui, le premier, porta un édit par lequel il concéda à un hollan-
dais nommé Bragley. Cet édit portait que les propriétaires pouvaient ou
dessécher les marais ou bien de les abandonner à des entrepreneurs et de

conserver le sol après l'opération, à la charge d'en payer la valeur à ces derniers, sous la déduction d'un cinquième. Si le propriétaire desséchait lui-même ses terres, l'entrepreneur était obligé, moyennant une rétribution, à prêter son concours et à aider de ses conseils le propriétaire. Plus tard, d'autres édits furent rendus ; mais ils ne purent atteindre un résultat satisfaisant, parce que les propriétaires refusaient à aider des entreprises aussi utiles.

En 1790, l'Assemblée Constituante s'occupa d'une manière toute spécial du dessèchement des marais. L'augmentation de la population, les besoins de la vie et la conservation des citoyens, étaient des mobiles trop puissants pour ne pas attirer les yeux de l'Assemblée Constituante. Elle rendit un décret qui engageait les assemblées des départements à s'occuper des moyens de faire dessécher les marais. Plus tard, le 26 décembre de la même année, elle rendit un autre décret qui contenait un règlement sur cette matière. Enfin, le 5 janvier 1791, le 19 septembre 1793, d'autres décrets parurent qui portèrent que le dessèchement serait une entreprise à exécuter par l'administration, au compte de l'Etat. Les propriétaires étaient chargés de les dessécher. Si dans six mois ils n'avaient pas manifesté leur volonté d'une manière affirmative, le département pouvait se charger du dessèchement, en payant la valeur des terrains à dessécher.

Ces décrets ne parvinrent pas à atteindre un grand résultat, et en 1807 le gouvernement prit de nouvelles dispositions, qui prirent le nom de : *Loi relative au dessèchement des marais.* « Cette loi conservait toujours au » possesseur, même quand il refuse de dessécher lui-même, la propriété » de ses marais ; elle n'accorde à l'entrepreneur qu'une indemnité pro- » portionnée à la plus-value résultant du dessèchement. Trop préoccu- » pée de ménager l'intérêt du propriétaire, cette loi donna trop peu à » l'industrie et au travail. C'est sans doute ce qui a découragé l'industrie à » s'engager dans ces sortes d'opérations ; car la statistique nous atteste qu'il » reste encore 800,000 hectares de terre à l'état de marais. »

Cependant, malgré ces inconvénients, la loi de 1807 resta et fut modifiée par celle du 29 avril 1845.

Le dessèchement des marais fait l'objet d'une concession à obtenir du chef du pouvoir exécutif. Cette concession des marais est un acte par lequel il est donné pouvoir à certaines personnes de procéder au dessèchement des marais, qu'ils soient ou non propriétaires. Comme l'on touche au droit des propriétaires, il y aura presque toujours recours au contentieux. Pour celui qui a demandé cette concession, c'est un acte d'administration active au premier chef. Mais le dessèchement contraint est une espèce d'expropriation partielle. Cependant le droit du propriétaire est d'être préféré pour la concession ; mais il faut alors qu'ils s'engagent vis-à-vis l'administration.

Le préfet, avant tout, prévient le propriétaire pour la concession, par une instruction préparatoire. Si le propriétaire refuse ou ne répond pas, on accorde la concession aux propriétaires partiels des marais ou à ceux qui, entrant dans l'esprit du gouvernement, font les offres les plus avantageuses aux propriétaires des terrains. Si après cette instruction préparatoire et régulièrement faite, la concession a été faite, elle ne peut plus être attaquée par la voie contentieuse.

Pour délibérer sur la concession, ceux qui ont intérêt doivent ajouter à leur réclamation un plan minutieux des terrains à dessécher, l'état estimatif des travaux à exécuter, un aperçu des dépenses et des bénéfices que l'entrepreneur peut avoir. Ce plan doit être fait ou approuvé par un ingénieur des ponts-et-chaussées. Le préfet reçoit le plan, et fait afficher dans toutes les communes où se trouvent les marais, qu'une demande a été formée, et que les personnes qui veulent prendre connaissance des pièces les trouveront au bureau de la préfecture.

Après ces formalités, le préfet, après avoir fait ses observations, transmet toutes les pièces au ministre des travaux publics, et l'Empereur, en Conseil d'État, accorde la concession.

Comme on le voit, la première chose à faire, c'est la concession, et quelquefois même si l'État se charge du dessèchement, ou bien si la concession a été faite aux propriétaires ou étrangers, le préfet institue un syndicat de trois membres au moins et de neuf au plus, pris ordinairement parmi les propriétaires submergés. Ceux-ci nomment un expert qui, de concert avec le concessionnaire, doit examiner les terrains et les estimer, soit avant, soit après le dessèchement. Le préfet nomme de son côté un expert, et un troisième est nommé par les concessionnaires. Si c'est l'État qui se charge du dessèchement, le deuxième expert est toujours choisi par le préfet et l'État nomme le troisième.

La première opération est de diviser le terrain des marais avec les ingénieurs des ponts-et-chaussées. Ils estimeront les diverses parties. L'opération la plus importante est de déterminer le périmètre des marais et d'apprécier le prix actuel des terres couvertes d'eau. Après cette appréciation, les propriétaires qui n'en sont pas satisfaits, peuvent soumettre leurs observations à une commission spéciale qui a le pouvoir de réviser tout ce qui est fait, ou arrêter l'estimation, ou prononcer sur la réclamation. Ces décisions sont sujettes au recours, c'est un espèce de tribunal d'exception.

Par le titre x de la loi du 16 octobre 1809, l'Empereur doit nommer sept membres choisis parmi les individus les moins intéressés dans l'affaire, et qui cependant sont les plus capables de mieux connaître les localités et les divers objets sur lesquels ils ont à se prononcer. Les membres de la commission prêtent serment et ne peuvent délibérer s'ils ne sont pas au nombre de cinq. Ils rendent des jugements quand le cas se présente, et ils doivent les motiver. Ils décident tout ce qui touche les propriétés, soit avant, soit après les dessèchements; mais ils ne peuvent se prononcer sur les questions de propriété que les tribunaux ordinaires peuvent juger.

Les actes non contentieux de cette commission consistent à arrêter le rôle des indemnités dues aux concessionnaires, et à donner son avis sur la proposition du règlement destiné à prouver la conservation des travaux de dessèchement.

Le président, l'époque, le lieu et la manière dont la composition de la commission doit être composée, sont réglés par l'ordonnance de l'an XII. Les honoraires et toutes les dépenses (frais de voyage, dépenses des ingénieurs et hommes de l'art), sont payés par les entrepreneurs. Une des dernières choses qui reste à faire, c'est l'estimation du dessèchement, qui se fait d'après l'amélioration des terrains desséchés.

Le dessèchement doit être fait dans le temps que la loi accorde; elle donne un délai de trois ans si les travaux, par leur difficulté ou leur étendue, ne peuvent se terminer dans le délai voulu; les entrepreneurs ont droit à une portion du revenu du terrain desséché. Le dessèchement terminé, le montant de la plus-value se divise entre le propriétaire et l'entrepreneur, dans la proportion fixée par la concession.

On considère le marais desséché, lorsque les terres qui étaient auparavant inondées sont devenues dans un état convenable, quoiqu'elles soient dans de rares circonstances et accidentellement submergées, pourvu qu'elles puissent être cultivées. Du reste, la commission est compétente pour décider si le dessèchement peut être considéré terminé; c'est elle qui décide sur la réception. Les parties intéressées sont prévenues par affiches, que le préfet ordonne dans les communes. La commission reçoit les réclamations qui peuvent être faites.

Dès que les travaux sont reçus, d'après l'art. 18 de la loi du 16 septembre 1807, les experts nommés par les propriétaires et par les entrepreneurs, et accompagnés du tiers-expert, procéderont, de concert avec les ingénieurs, à une classification des terrains desséchés, suivant leur valeur nouvelle et l'espèce de culture dont ils seront devenus susceptibles. Il est facile alors, en rapprochant l'estimation qui a été faite avant le dessèchement et celle qui est faite après, de déterminer la plus-value; il est facile de faire la répartition. Le montant de la plus-value est divisé entre le propriétaire et l'entrepreneur, suivant l'acte de concession. On doit considérer pour ce calcul, la valeur primitive du terrain, sa valeur actuelle, et la difficulté des travaux. Si c'est l'État qui s'est chargé du dessèchement, sa portion dans la plus-value doit être fixée de manière à ce qu'il soit remboursé de ses dépenses, sans gain ni perte.

La conservation et l'entretien des travaux a donné lieu d'établir des taxes exigibles. C'est l'autorité qui est chargée de recueillir ces taxes.

Pour l'indemnité des propriétaires, ils pourront s'en libérer, soit en donnant de l'argent, soit au moyen de l'abandon d'une portion du terrain desséché, soit en payant une rente au taux de 4 pour cent. Le capital de cette rente sera remboursable par dixième, au gré du débiteur. Cette indemnité due aux entrepreneurs par les propriétaires, a un privilége sur la plus-value, à la charge de prendre inscription. Si l'entrepreneur a fait transcrire en temps utile son acte de concession, son privilége est perpétuel, sans être soumis à la péremption décennale qui frappe les hypothèques ordinaires.

S'il s'élève des contestations après le dessèchement, elles vont devant le conseil de préfecture. Quand le dessèchement est terminé, la commission n'a plus rien à faire. Toutes les contraventions vont devant le conseil de préfecture. S'il y a délit ou crime, la compétence du conseil de préfecture cesse,

7

et les prévenus sont renvoyés devant les tribunaux correctionnels ou devant les Cours. Les questions de propriété sont de la compétence des tribunaux ordinaires.

QUESTIONS.

I. L'expertise faite après le dessèchement et celle qui est faite avant, doivent-elles s'étendre sans exception à tous les travaux susceptibles de
modifier la valeur des propriétés qui doivent souffrir ou profiter du
dessèchement? — Non.

II. Pour les questions de propriété, la commission est-elle compétente pour
les juger? — Non.

Vu par le président de la Thèse,

DUFOUR.

Cette Thèse sera soutenue, en séance publique, le   juillet 1860, dans une des salles
de la Faculté.

Toulouse.— Imprimerie BAYRET, PRADEL et Cᵉ, place de la Trinité, 12.

www.ingramcontent.com/pod-product-compliance
Ingram Content Group UK Ltd.
Pitfield, Milton Keynes, MK11 3LW, UK
UKHW020045100726
13658UKWH00004B/1556